AO PUBLICO

Às questões sociaes, do mesmo modo que as políticas, não podem ser convenientemente resolvidas senão pela discussão.

E do choque das idéas que sae a luz da verdade.

E no desencontro, das opiniões individuaes, que se póde basear a synthese de um verdadeiro systema, que aproveite a humanidade.

Nenhuma questão, segundo penso, reclama seriamente a attenção de quem se interessa pelo bem estar, e o futuro do pais, como na emancipação da escravatura.

Os maiores interesses, e interesses de todas as ordens, lhe estão intimamente ligados, e reclamão uma solução tão pronta, quanto maduramente reflectida.

Apesar de recolhido ao remanso, da vida privada eu não perdi os estímulos do cidadão brasileiro; e como tal não posso ser indifferente ao engrandecimento moral e a prosperidade de meu paiz.

E pois, roubei algumas horas do trabalho que devo aos misteres da vida, para dedica-lo ao estudo da magna questão que resolve os destinos da minha terra natal.

A natureza nos ensina com não são sómente os grandes os quais efficazmente concorrem para os commodos da vida social.

Bem pequena é a formiga, e nenhum animal a excede, entretanto, em, diligencia e na proficuidade dos esforços que emprega para o bem commum.

Esta consideração me deu animo e coragem inscrever o meu obscuro nome no livro glorioso dos que pleiteão a causa da emancipação.

A ESCRAVIDÃO NO BRASIL

E AS

MEDIDAS QUE CONVEM TOMAR

PARA EXTINGUIL-A

SEM DAMNO PARA A NAÇÃO

PELO

Dr. Adolfo Bezerra de Menezes

RIO DE JANEIRO

Typ.—PROGRESSO—rua de Gonçalves Dias n. 60

1869

"A Escravidão no Brasil e as Medidas que Convem Tomar para Extinguil-a sem Dano para a Nação", escrita por **Dr. Adolfo Bezerra de Menezes**, é um ensaio publicado em 1869. O texto propõe uma abordagem gradual e cuidadosa para a abolição da escravidão no Brasil, visando evitar impactos negativos na sociedade e na economia.

Bezerra de Menezes sugere a implementação do **"ventre livre"**, uma medida que libertaria os filhos de escravas nascidos a partir de uma determinada data, garantindo que essas crianças recebessem educação e cuidados pelo Estado. Ele argumenta que essa abordagem permitiria uma transição ordenada e justa, preparando os libertos para a vida em liberdade e contribuindo para o progresso moral e social do país.

O ensaio também destaca a importância de discutir e debater questões sociais e políticas para encontrar soluções que beneficiem a humanidade como um todo.

O meu pequeno e imperfeito trabalho não leva a pretensão de saber, nem mesmo acertar; é um motivo para discussão e nada mais.

Tal como é, porém, eu me animo a oferece-los ao meus concidadãos, porque a minha intenção e bôa, e em casos taes e intenção que se deve levar em conta.

Dr. Bezerra de Menezes

Rio de Janeiro - 1869

A escravidão no Brasil-e as medidas que convem tomar para extinguil-a, sem damno para a nação.

Fundo, no seio da sociedade brasileira, tem penetrado as raizes malditas do cancro da escravidão.

Legado funesto de tempos barbarescos, em que o proprio Aristoteles punha a philosophia a seu serviço, e os sabios Brahamanes fazião o céo intervir em sua confirmação, essa lepra social tem resistido a todas as revoluções salutares que reconstruirão o mundo segundo a lei de Christo, e segundo os principios de 1789.

Condemnada pela religião santa da Cruz, que consagra o dogma ineffavel—da egualdade de todos os homens em Deus;

Condemnada pela civilisação do seculo XIX, que firmou o grande principio — da egualdade de todos os homens perante a lei;

Condemnada, finalmente, pela economia politica, quá demonstra como o braço livre produz mais e é mais efiicaz industria do que o braço escravo: essa lamentavel aberração do espirito humano ainda é condemnada pela moral, cujas leis não se compadecem com os sentimentos depravados de uma raça embrutecida; e reclamão em nome da familia e da sociedade a sua rehabilitação pela pureza dos costumes e pela pratica do bem.

O escravo, entre nós, e onde quer que existe, é considerado não como pessoa, mas como cousa!

Para quem o possue, elle não é mais que uma propriedade, bens da fortuna, dos quaes procura tirar todo o proveito, todo o lucro possivel!

A educação desse simulacro de gente, limita-se a algum ofiicio mechanico, que o torne mais productivo, mais rendoso a seu senhor!

Nem os principios mais geraes, nem as noções as mais simples e comesinhas da moral e da religião, sem os quaes a humanidade se avilta até as condições dos brutos, procura o deshumano senhor plantar nessas almas, a quem o baptismó abre as portas do céo, e os soffrimentos dão direito a bemaventurança; mas que são condemnados, talvez, a perdição eterna pelos instinctos brutaes que borbulhão em todo o espirito, para o qual não existe nem a contensão moral, nem a contensão religiosa.

E no entanto, o Salvador do mundo não derramou seu precioso sangue sómente pelos filhos da fortuna, ou pelos senhores da terra; mas tambem, e principalmente, pelos desgraçados, pelos que chorão, pelos que tem forne e sêde de justiça.

Tão deshumano modo de crear, de educar e de tratar o escravo, não produz sómente o mal horrendo do embrutecimento e da degradação moral de uma raça humana; acarreta tambem comsigo os maiores os mais invenciveis perigos que podem ameaçar a paz e a felicidade das familias.

O escravo embrutecido pela educação que recebe e pela vida que leva, não conhece o que seja honra, nem o que seja dever; não conhece a repressão moral, só obedece a repressão material.

Resulta dahi que a prostituição, com todo o cortejo de vicios humanos, é a condição da mulher escrava; e que o odio e o desejo ardente, insaciavel de vingança, é o sentimento mais forte do coração do negro para com a raça branca em geral, e para com seu senhor em particular.

Da educação da mocidade, e principalmente da sua educação moral, é que depende a felicidade da familia e a grandeza das nações.

E que futuro se póde esperar de um povo, onde meninos nascem, crescem e vivem no mais intimo contacto com essa raça prostituida;

comparticipando da vida e dos costumes de seus paes, mesmo tempo que dos costumes e da vida de seus escravos; vendo e ouvindo destes as práticas as mais torpes e as palavras as mais descomedidas?!

Se um, se alguns, - se muitos abração de preferencia os usos e costumes paternos, ás praticas e exemplos de seus escravos, a maior parte ha de sahir inquinada dessas praticas e desses exemplos perniciosos, porque a virtude é timida e o vicio ê ouzado, e porque mais arrastra o máo do que o bom exemplo.

Além de que o exemplo máo é sempre contagioso, acresce que o contagio é tanto mais pernicioso quanto se innocula em um coração tenro e inexperiente, porque nesse, o vicio não encontra nem bons principios, nem bons habitos que o combatão; e porque as bôas ou as más impressões que o espirito recebe na infancia são as que mais diflicilmente se apagão no correr da vida.

Ajunte-se a isso o empenho com que o escravo procura sorrateiramente vingar-se do senhor, pervertendo-lhe o objecto de seus mais desvelados cuidados; e digão-me:

Póde haver paz e felicidade para as familias, emquanto guardarem ellas em seu seio essa cratera ardente que lhes requeima sempre a flor da innocencia e da virtude de seus filhos?

Póde haver esperança de futuro para uma nação, onde a familia está irremediavelmente condemnada á tão desgraçadá condicção?

Maldita sêde do ouro que arasta o homem a sacrificar-lhe o maior dever e a unica felicidade da terra!

Maldita, ainda uma vez, essa sacra fames, que o leva a esquecer as leis da redempção; a desprezar os principios eternos da mais san moral; e a menosprezar a formação do coração de seus filhos, a felicidade de sua familia e a grandeza de sua patria;

Tambem por lei providencial, elle encontra mal onde procura a felicidade; vem-lhe o castigo desse mesmo objecto que emprega para satisfazer sua insaciavel cobiça!

E no entanto mal encaminhados vão eses epicuristas de nova tempera.

Seus calculos egoisticos assentão sobre nuvens-vaporosas que se desfazem ao sopro dos verdadeiros principios economicos.

A sciencia ensina, e os factos demonstrão: que o trabalho feito por braço escravo, não pode competir com o que é feito por braço livre.

O primeiro é mais barato e mais bem feito.

Sem me alongar na exbibição de exemplos tirados dos differentes povos esclavocratas, cuja prosperidade coincide com o facto da abolição, limitar-me-hei a chamar a attenção do leitor para um facto que é para nós o mais eloquente de quantos se possão citar, porque é nosso e porque é de muito recente data.

A provincia do Ceará participava, como as outras suas irmãs, da maldição que peza sobre o paiz todo, pela escravidão.

O serviço domestico e industrial, não se fazia, até 1845, senão á braço escravo.

Quem não possuia escravos não podia ser lavrador! E por isso a producção agricola da provincia era diminutissima.

Os fazendeiros, alem do que tiravão de suas terras para o custeio de suas fazendas, mal produsião, todos juntos, quanto chegasse para o consumo da provincia.

A exportação era nulla, ou quasi nulla, e o commercio era tão insignificante que a renda geral ali cobrada, pouco se elevava acima de-100:000$ por anno.

Esse phenomeno era devido: primeiro, a não se fazer agricultura senão com braço escravo; e segundo, a deixar toda a população livre, que não possuia escravos, de produsir para seu proprio gasto, e tornar-se, por isso, toda ella consumidora das sobras que podião realisar os poucos que se empregavão na lavoura.

Assim, pois, a producção estava limitada ao trabalho escravo, ao passo que o consumo seu estendia a toda a grande população da provincia.

A gente pobre preferia occupar-se em caçar, e pescar, ou mesmo em vadiar, a tomar um machado e uma enxada e ganhar com elles o pão para seus filhos.

Dizia-se, por isso, que o povo do Ceará era o mais preguiçoso do Brasil, e dizia-se um erro grosseiro, que a mudança das condicções daquella provincia veio revelar, desfasendo, cathegoricamente a injustiça que se fazia ao caracter cearense.

Em 1845 a secca devastadora, que como um castigo ou como uma provação, a Providencia fez descer sobre o Ceará, extinguiu-lhe a sua principal industria, que era a creação de gado vacum.

Com essa enorme perda, a população ficou redusida, talvez, a menos da quarta parte dos recursos de que dispuzera, até então, para sua subsistencia.

A penuria foi indiscriptivel, e por effeito della, foi mister recorrer ao que tinha escapado á devastação.

Ora o que tinha escapado, limitava-se á escravatura, porque reservas pecuniarias, ninguem as tinha, ou se alguem as possuia, fora obrigado a gastal-as durante a seca; e as terras, que com os gados e os escravos constituião toda a fortuna do povo cearense, não tinhão o menor valor, visto como todos precisavão vendel-as e portanto não havia quem as procurasse.

O recurso, pois, em tal emergencia, consistia na venda dos escravos, e todo o paiz sabe como de 1846 em diante a escravatura do Ceará afluiu aos mercados do Sul do imperio n'uma proporção espantosa.

A provincia ficou despovoada, de escravos.

Parece-me estar ouvindo os nossos fazendeiros do Sul, exclamarem nos impetos de sua commiseração pelos seus infelizes irmãos do Ceará:

Pobre Ceará! Como viver-se assim sem escravos? Como lavrar as terras, como manter sem negros, as fazendas de creação?!

De 1845 a 1869 vão 24 annos, e nesse periodo, do qual se devem abater uns 5 annos, durante os quaes ainda não tinha desapparecido a escravatura na provincia, a fortuna publica e a particular tem, como milagrosamente, crescido no Ceará.

A industria de crear tem hoje proporções muito superiores; e a lavoura tem prosperado espantosamente.

Centros importantes, que antes definhavão, depois da expulsão dos escravos, tem attingido o maior grão de prosperidade.

Imnumeros fazendeiros que mal fazião para sua manutenção, estão hoje ricos, a par de outros que se tem estabelecido depois da grande revolução.

Desse augmento da fortuna particular, proveio o augmento do commercio da provincia, pela permuta em larga escala, e a elevàção da renda geral que sobe hoje a perto de 2,000:000$

Como se operou essa methamorphose ? Como de um facto de que parecia não deverem resultar senão consequencias funestas, sortiu, como de uma fonte milagrosa, torrentes de tanta prosperidade?

Essa methamorphose, essa transformação feliz de uma população pobre, quasi indigente, pela inercia, em um povo rico pelo trabalho, foi a consequencia da substituição do trabalhador escravo pelo trabalhador livre; foi a obra da Providencia que forçou os fazendeiros do Ceará á mostrarem ao mundo; como sem escravos se vive melhor e mais feliz.

A despeza com o custeio de uma fazenda montada com escravos, sommada com os prejuisos annuaes cauzados pela morte de alguns desses escravos, quando muito era coberta pelo producto do trabalho forçado.

Hoje, o custeio dessa mesma fazenda montada com gente livre, não consome senão uma parte do producto do trobalho livre.

A prova ahi está no augmento prodigiozo da exportação agricola da provincia, e na prosperidade em que vivem aquelles mesmos fazendeiros, que se julgavão felizes quando sua receita dava para a despeza que fazião.

Uma fazenda que valia 100:000$ no tempo dos escravos, incluindo nessa quantia, pelo menos 50:000$ representados pelo valor dos mesmos escravos, hoje vale o mesmo que então, sómente pelas terras e pelos beneficios; porque com o augmento dá riqueza geral tudo duplicou, ou triplicou dé valor.

Vê-ser pois que o fazendeiro cuja fortuna era de 100:000$, dos quaes pelo menos metade representados por bens pericíveis; perdendo os escravos, ficou com a mesma fortuna mais solida, porque é toda representada por bens de raiz.

Demais, no tempo dos escravos aquelle fazendeiro não podia tirar de sua renda um fundo de reserva, que empregasse no augmento de sua fortuna, porquanto se alguma cousa lhe sobrava de suas despezas: esse pouco era absorvido na compra de novos escravos, que se fazião necessarios, para preencher os claros feitos pela morte.

Em rigor, um trabalho incessante e mortificante, mal dava para conservar-lhe o valor da fazenda.

Hoje, porém, não existindo mais a necessidade de empregar na compra de novos escravos, as economias que realisa, póde elle empregal-as todas em um fundo de reserva, que lhe vae augmentando todos os annos o valor de sua fortuna e o patrimonio de seus filhos.

Sem perder, portanto, com a perda dos escravos, elle ganhou, pelo contrario, e ganhou consideravelmente, porque sua fortuna ficou mais solidamente representada, e porque faz agora uma economia, que nunca podéra obter.

Mas, dir-me-hão: Tudo isso é muito bonito, porém não se conta com uma circumstancia importantissima.

A fortuna do fazendeiro não se deprecia, antes cresce de valor, com a extincção da escravatura; mas quem trabalha nas fazendas? Onde vão esses fazendeiros antigos e modernos, que ás centenas se tem estabelecido; onde vão elles en contrar os braços necessarios para o beneficio de suas fazendas?

Gente para o trabalho, não tem faltado em parte alguma da provincia, desde que cessou o trabalho escravo!

Toda essa população, accoimada pelos viajantes de preguiçosa, e que de facto vivia na ociosidade, para não trábalhar em commum com os escravos, corre hoje para os pontos agricolas em procura de trabalho.

Assegura-me pessoa competente e acima de toda a suspeição, que essa aflluencia de trabalhadores se faz em escala admiravel, e que pela concurrencia extraordinaria que ha, os salarios são tão modicos, que feito o calculo do que se gastava com um preto, não contando o empate do capital e o risco de perdel-o, reconhece-se ser muito menor a despeza que se faz com um trabalhador livre.

Póde haver um exemplo mais eloquente da verdade que encerra o principio economico— o trabalho livre melhor e fica mais barato que o trabalho escravo?

Não póde, pois, á vista desse exemplo, haver ainda motivo plausivel para receiarem os nossos fazendeiros, das demais provincias do imperio, a emancipação do escravo brasileiro.

Podemos, portanto, desenbaraçadament e, satisfazer os mais sagrados dos interesses terreaes, os interesses da familia e da patria.

Podemos ainda cumprir, nesse ponto, os deveres de christão e as obrigações de cidadão, que por tanto tempo temos sacrificado á calculos infundados de interesses materiaes.

O Brasil não póde continuar na senda. que tem trilhado até aqui.

Seus creditos de nação civilisada e christã; o interesse de sua industria; a segurança e o bem estar da familia brasileira; e sobretudo a necessidade de uma educação domestica san, dessa educação que é o mais firme alicerce de uma sociedade; tudo reclama instantemente a redempção de uma raça inteira, condemnada por seus irmãos a uma eterna degradação moral.

O governo imperial escreveu na falla do throno de 1867 um trexo sobre essa importantissima reforma, o que foi para os credulos a aurora do dia anciosamente desejado, mas que para mim nunca pássou de um engôdo tanto mais condemnavel, quanto mais seria e respeitavel era aquestão que se procurava illudir.

Os factos que se seguirão, vierão provar a certeza do meu juizo, pois que a promessa solemne da corôa não passou, até hoje, de simples promessa.

O nosso governo estuda, mas não resolve; estudará eternamente, mas nunca resolverá nada; porque entre nós os governos só curão de politica, e nem sequer de politica nobre, grande e generosa, senão dessa politica mesquinha, pessoal e egoistica, que consiste em fazer clientella, comprando ad-bezões.

O governo estuda, pois, e estudará eternamente esta e todas as mais questões vitaes de nosso paiz, e nunca passará de estudos, porque querendo ser centro, chamar a si todos os negocios publicos, geraes, provinciaes, municipaes e individuaes, acaba por não poder materialmente dar conta de sua missão, e por não resolver senão aquelles pelos quaes se empenhão amigos e recomendados.

E quem recomendará aos ministros da coroa a causa desvalida do infeliz escravo?!

Deixemol-os tranquillos. Não vamos perturbal-os nesse estudar incessante em que procurão inspirar-se para a grande reforma da emancipação.

Pertenço a escola politica que estabelece como principio absoluto a iniciativa do cidadão em todas as questões que interessão á sociedade.

Permittão, portanto, os ministros do Brasil, quo usando desse direito, eu arrisque algumas idéas sobre o modo pratico de levar a efeito a grande reforma.

Sei bellamente que sem o bafejo governamental nenhuma idéa chega a frutificar nesta terra de liberdade; mas, não sei porque, tenho fé na força da opinião, e sobretudo confio na acção da Providencia, quando se trata de questões como esta, de que dependem os destinos de um povo, o fraco e imperfeito trabalho que me propuz fazer, é um pequeno tributo que pago ao dever que corre a todo o brasileiro amante de seu paiz, de pugnar porque se popularise a necessidade de expurgar a sociedade desse vicio hereditario, que Deus não permitta seja ainda transmittido geração que nos deve succeder.

Fique o governo em sua eterna impassibilidade, e vamos nós simples cidadãos, mas dedicados obreiros do progresso de nossa terra, espalhando a semente por todos os angulos do imperio, que um dia virá em que do

Norte ao Sul, um brado de indignação, partido de todos os peitos brasileiros, levará de vencida a inercia de uns, e o emperramento de outros, e dará ao mundo o exemplo grandioso de um povo marchando adiante de seu governo na iniciacão e promoção das grandes refórmas que a civilisação do nosso seculo reclama.

Imitemos a Inglaterra, onde a opinião do povo é que dicta o proceder dos poderes publicos; onde as proprias leis não são senão a traducção fiel das idéas emanadas do povo, e elaboradas em seu seio.

Tomemos a posição que nos compete como cidadãos de uma nação livre; resgatemos o nosso direito de pensar, sequestrado até hoje pelo governo do paiz; não esperemos pelos outros ; iniciemos nossas idéas; espalhemol-as pelo paiz; creemos-lhes proselitas; e contemos que por fim, quando o povo se mostrar conscio de seus direitos, a opinião do paiz ha de ser respeitada pelos poderes publicos.

Escreva o cidadão as suas impressões sobre as principaes refórmas de que precisamos; e se mais não se poder alcançar por esse meio, obter-se-ha, ao menos, que o povo tome conhecimento dessas questões e fórme sobre ellas o seu juizo.

Quebremos o sello que veda ao publico brasileiro o conhecimento das altas questões, cuja solução o governo reserva só para si.

Quebremos esse sello vergonhoso, discutindo cada um, como lhe for possivel, ora uma, ora outra dessas importantes questões, de maneira que no momento de resolvel-as, se algum dia o fizer, saiba o governo que ha no paiz opinião formada a respeito dellas, e portanto que não é senhor de resolvel-as como lhe parecer.

Sei que essa lucta contra o monopolio do governo é descommunal, mas conto muito com a força da razão e do direito.

Por mim, desde que tenho a consciencia de cumprir um dever de brasileiro e de liberal sincero, não receio seguir a senda que tenho traçado.

Em outra occasião, dei ao publico as minhas idéas sobre a refórma municipal. Hoje volto á scena, para offerecer á consideração de meus concidadãos o que julgo conveniente praticar, no empenho de conseguir a emancipação do elemento servil, sem prejuizo nem perigo para a sociedade.

Dous são os interesses que um projecto de emancipação deve respeitar; o interesse individual, baseado no direito de propriedade, que a nossa constituição consagra; e o interesse geral de toda a sociedade brasileira.

Os projectos, ou planos até hoje publicados e conhecidos, ou se baseião no systema de emancipação rapida, ou no de emancipação gradual.

Dos sectarios dos primeiros, uns pedem a emancipação imnediata; indemnisando-se os proprietarios; outros querem que se marque, desde já, um prazo, depois do qual todos os escravos ficarão livres, sem que a nação indemnise a seus proprietarios.

Estes dous planos não se pódem sustentar diante do exame o mais ligeiro.

O primeiro garante mais ou menos o direito de propriedade, pois que estabelece a condição de indemnisar-se ao senhor do escravo libertado, embora lhe tire ao mesmo tempo o direito de estimativa da sua propriedade

O segundo, porém, offende de frente, e muito abertamente, o interesse dos proprietarios de escravos, por quanto no fim do prazo marcado, aquelles proprietarios perdem, "in totum", o valor de sua propriedade.

Em relação ao interesse geral nenhum dos dous merece um apoio sensato; visto como tanto um como outro atirão, de chofre, no seio da sociedade, com os direitos de cidadão brasileiro, toda essa massa de homens creados e educados para escravos; sem principios de honra, de justiça de dever; verdadeiros animaes selvagens, dominados dos mais perigosos instinctos.

Póde haver perigo maior para a nação, quer no sentido moral; quer no sentido social, do que esse projecto de soltar no meio da população, homens até aqui dominados pelo jugo da escravidão, agora armados com o poder, e até certo ponto com o direito de

saciarem todas as paixões ruins que sua primitiva condição excitava e reprimia ao mesmo tempo?

Se o simples bom senso não fosse mais que sufliciente para nos levar a repellir tão perigosa idéa, os factos que se estão dando nos Estados-Unidos da America do Norte, e os que se derão em S. Domingos do Hayti, onde, de repente, se concedeu a- liberdade e os foros de cidadão a todos os escravos, serião uma lição proveitosa, que não devemos perder de memoria na solução dessa importantíssima questão.

A idéa da emancipação gradual, do mesmo modo como a da emancipação rápida, tem sido apresentada por vários modos que constituem outrostantos projectos.

Querem uns que o governo e que associações philantropicas vão comprando e libertando as crianças que nascerem de ventre escravo.

Outros pretendem que melhor é comprar e forrar todas as escravas.

Muitos sustentão, como principal meio de chegar-se ao fim desejado, a decretação, do ventre livre. Quer sob o ponto de vista do interesse geral, quer em relação ao interesse particular, estes últimos planos são inquestionavelmente superiores aos que constituem o systema de emancipação rápida.

Pelo primeiro e pelo segundo, os proprietários de escravos recebem indemnisação pelas crias e pretas que o estado forrar, e comquanto a mesma condição sede em um dos projectos do systema de emancipação rápida, não preciso de grande esforço para mostrar a immensa differença que vae de um para outro projecto.

Ali força-se o proprietário a ceder á nação, por preços taxados pelo governo, os escravos de todos os sexos e de todas as idades ; de modos que a violência é completa.

Aqui, embora se force aquelle proprietário (a ceder, por preços, igualmente taxados pelo governo, aquillo que é sua propriedade; comtudo a violência é muito limitada, estendendo-se, em um caso, somente ás crias que forem nascendo, e em outra, as escravas, cuja importância em relação aos escravos, se pôde reconhecer pelo preço minimamente inferior porque se as comprão e vendem nos mercados do império.

Mais vantajoso ainda do que os dous, me parece que é o terceiro, que consiste na decretação do ventre livre.

Neste, se se offende o direito de propriedade, é tão de leve e tão de longe, que rião se percebe a ferida.

O proprietário tem na escrava o capital que despendeu com a sua compra; tem no serviço dessa escrava o juro ou renda daquelle capital; o que perde, pois, com o facto de serem livres os fructos do ventre da mesma escrava?

Demais; o que actualmente não é meu, não posso chamar, hoje, minha propriedade embora haja probabilidade de vir a sel-o no futuro.

A lei, portanto, que decretar a liberdade dos filhos que minha escrava possa ter para o futuro, em rigor, não ofende a minha propriedade; apenas me tira a possibilidade de obtel-a um dia.

Com relação aos interesses da sociedade, os três planos que acabo de ennunciar, são muito superiores aos do primeiro systema , pois que em vez de innundarem a nação com uma massa enorme de elementos de desorganisação moral e social, vão apenas lançando em seu seio, por fracções limitadas e periodicas, elementos susceptiveis de educação moral e civil, e que por isso lhe poderão ser de muita utilidade.

Exceptua-se desta regra o plano de emancipar as escravas, pois estas já corrompidas até a degradação, não podem mais ser approveitadas.

Tambem por isso, aquelle projecto não sustenta a parallelo com os outros dous, unicos capases de conciliar o interesse geral com o particular, se nesse intuito se tomarem providencias adequadas.

Essas providencias tem sido até hoje esquecidas por todos quantos tem-se occupado com a emancipação do escravo brasileiro.

No empenho de acabar com o cancro da escravidão, os abolicionistas do imperio só tem posto a mira no grande fim que todos desejão, sem se importarem com as circumstanciás accessorias, que no caso vertente são tão importantes como o fim que se tem em vista.

Do que serve curar da condição social do escravo, sem attender a sua condicio moral?

É philantropico remir o preto da escravidão do branco, deixando sempre escravo do vicio, sujeito ás consequencias da sua desgraçada educação,que elle transmittirá a seus filhos, perpetuando em sua raça a degradação moral e a corrupção em que cahiu no tempo da escravidão?

E a nação, ganha alguma cousa em ter por cidadãos homens eivados de indole e de costumes depravados?

Mil vezes, para o estado, é preferivel que esses homens vivão sequestrados de seu seio pela escravidão.

Assim ao menos, os máos exemplos que delles partem, partem muito debaixo, vem de almas repellidas pela gente livre; e portanto, não pegão tão facilmente e com tanta forca como partindo de homens tão bons, civil e socialmente, como aquelles com quem compartilhão os direitos de cidadão.

Libertar sómente o escravo, é pois, um grande mal para a nossa sociedade e até para o proprio escravo.

A grande obra que todos ardentemente desejamos, para ter muito valor, para ser util e proveitosa, deve ter em vista o presente e o futuro da raça escrava; deve conciliar o direito que tem o preto a ser livre, com o dever que corre a toda a sociedade de não admittir em seu seio senão membros uteis e moralisados.

Nesse intuito, um projecto de amancipação deve conter duas partes essenciaes, das quaes uma trate dos meios mais proprios para se obter a liberdade dos escravos, e a outra estabeleça regras para se obter a regeneração moral da raça, na pessoa de seus membros que passarem a gosar da liberdade.

Desse modo suspender-se-ha o duplo anathema que pesa, hoje, sobre o preto, tirando-o ao mesmo tempo da escravidão e da corrupção; e alem disso se darão á sociedade brasileira membros uteis que concorrerão com os actuaes cidadãos, para o engrandecimento da patria commum.

Como, porém, se obter esse duplo e importantissimo fim, dos quaes um é complemento necessario do outro?

No que toca simplesmente á emancipação, já mostrei como os projectos que tem por base um processo rapido são inadmissiveis; e como só dos meios lentos e graduaes se póde lançar mão, em nossas condições.

Dentre os meios de amancipação gradual já mostrei, tambem, como o de forrar as escravas, sendo melhor que todos os de effeito rapido, porque a inoculação dos libertos na população livre, se faz em muito menor escala, e de um modo lento, não póde comtudo rivalisar com os de libertacão das crias e do ventre, porque nestes, todos os que vierem a gosar da liberdade, poderão ser educados convenientemente para a sua nova condição, entretanto que naquelle nem se póde mais obter a regeneração das escravas libertadas, nem embaraçar que ellas transmittão a seus filhos a miserrima educação que receberão na escravidão.

Resta-me sómente estudar os dous ultimos, comparal-os entre si e ver o que é preciso adjuntar ao melhor delles, para que resolva satisfatoriamente a dupla questão da libertação do escravo, e da sua preparação para entrar na sociedade em condições vantajosas para si e para ella.

O ventre livre não custa um real ao estado, nem tira ao proprietario de escravos direito que tem a estes como sua propriedade garantida pela constituição.

A libertação das crias, reclama da parte da nação uma grande despeza, que por fim vae recahir sobre o proprio senhor de escravos, pois que a despeza publica se faz a custo da renda particular.

Sómente por esta consideração torna-se intuitiva a superioridade do primeiro sobre o segundo meio.

Ambos dão em resultado a libertação do escravo brasileiro, sem prejuizo do particular, e em um prazo mais curto do que se presume, a primeira vista, pois que, oscillando a vida media da humanidade entre 21 e 23 annos, a media dos escravos deve ficar abaixo daquella ; tanto mais quanto se trata de um paiz intertropical, onde o prazo da existencia é muito mais curto.

Ambos trazem a liberdade da raça, sem prejuizo da sociedade, visto como afastão de seu seio o escravo actual, ente anti-social; que por leis, que não podemos mais remediar, está condemnado a morrer na condição em que nasceu, mas que já fica com a satisfação de ver seus filhos livres, e que pelos calculos da duração da vida humana, aplicados á suas condições especiaes dc existencia e ás condições especiaes do paiz em que vive, em rigor terá desapparecido no prazo de 25 annos, levando comsigo os ultimos vestigios da escravidão no imperio.

Ambos dão liberdade a individuos nas condições de receberem uma educação apropriada a seus novos destinos.

Mas o primeiro, como se viu, produz esse imenso resultado, sem onus para o estado, e portanto sem necessidade de sobrecarregar o cidadão com novos impostos; ao passo que o segundo não se póde

realisar senão por meio de grandes e pesados tributos lançados sobre o povo ; o que nas condições financeiras do paiz não se deve tentar, senão como ultimo recurso.

Ventre livre é, pois, o meio mais simples, mais facil e mais commodo entre todos de quantos se tem, até hoje, cogitado.

Elle remove todos os perigos e prejuizos que os outros acarretão, e resume em si todas as vantagens que se podem desejar, quando se trata de uma questao tão melindrosa, que joga com tantos interesses quer publicos - quer particulares.

Porém esse meio não nos dá senão a solução de uma parte do problema ; não nos dá senão a extincção da escravidão, e nós queremos o complemento dessa reforma, queremos a transformação do escravo em cidadão útil, sem o que todo o resultado é nullo, e porventura prejudicial.

O que nos cumpre, portanto, fazer para que o resultado seja completo, para que o ventre livre traga a redempção de uma raça que arrasta a condemnaçâo dos séculos, e produza ao mesmo tempo todas as vantagens sociaes que se podem tirar dessa reforma altamente humanitaria?

O meio único que me occorre á mente, consiste em chamar o estado á si a creação e educação das creanças nascidas de ventre escravo, como se fossem orphãos sem protecção natural.

Mas o modo pratico—de crear e educar toda essa grande quantidade de crianças?

Aqui surgem duas questões preliminares que merecem a mais seria attenção da parte dos que tiverem, de levar ao cabo a empreza da emancipação.

Em primeiro logar é preciso contar com a ganância e com a barbaridade de alguns senhores, que não quererão perder o trabalho das escravas, permettindo-lhes que curem da creação de seus filhos; donde exagerada mortalidade nas crias dessas escravas por falta do necessario tratamento.

Em segundo lugar, mesmo quando assim não succedesse, e que pelo contrario, tivessem as crias o melhor tratamento em casa dos senhores de seus paes, conviria que se ellas creassem ahi?

É para obviar os effeitos da barbaridade dos senhores de escravos, que a creação por conta do estado se faz mister principalmente.

Desde que o especulador tenha a certeza de que o filho de sua escrava não lhe rouba o tempo de serviço dessa escrava nenhum interesse o levará a maltratal-o, como aconteceria no caso contrario.

Poderá é verdade obrigar a preta, no estado de gravidez, a trabalhos que sejão nocivos ao feto, desde que de tal ventre nenhum interesse espera; mas isso é questão com a policia correcional, ou mesmo com as municipalidades, que poderão concertar meios de fazerem conhocidos e de punirem-se os máos tratos que soffrerem as escravas gravidas.

Assim, querendo mesmo admittir que não seja possivel evitar completamente o mal, ainda não attingirá ell: as proporções que tem, actualmente, o uso arraigado entre as escravas, de procurarem abortivos para livrarem do captiveiro o fructo de suas entranhas.

A segunda questão, a de saber se conviria crear os filhos dos escravos em companhia de suas mães, é mais uma voz que brada pela necessidade de crear o estado, á sua custa e sob suas vistas, as creanças libertadas no ventre materno.

O que buscamos é fazer dessas creanças homens e mulheres dotados de sentimentos moraes e de costumes puros.

Ora, se deixarmol-as em companhia de suas mães, desde o dia de seu nascimento até o fim do praso marcado pela sciencia para a creação dc um menino, diflicultaremos, e muitas vezes perderemos o fim que temos em vista.

A vida em commum com essas mulheres perdidas em todos ,os sentidos, durante os cinco ou seis annos da creação, pôde fazer nascer no espirito das creanças, hábitos e sentimentos máos tão enraizados, que a educação a mais cuidadosa não poderá, muitas vezes, extirpar.

A creação das creanças libertadas, não deve, pois, ser feita na casa dos senhores de suas mães, quer por interesse da vida dessas creanças, quer e principalmente por interesse de seu futuro e de sua educação moral.

Resolvidas essas preliminares, tanto mais dignas de attenção, quanto ha muitos espiritos elevados que propendem para a idéa de se crearem as creanças libertadas junto ao seio materno, perguntase: Como fará o estado para creal-as desde seu nascimento separadas de suas mães?

Julgo que o melhor é estabelecerem-se casas de creação em todos os municipios, sob as vistas itnmediatas das respectivas camaras.

Essa corporação fará recolher casa de creação, confiada á sua guarda e vigilancia, todas as creanças que nascerem de ventre escravo em seus municipios, quer empregando, para esse fim, agentes seus, quer obrigando, por meio de posturas, os senhores a transportarem as creanças recem-nascidas.

Não julgo necessario, no desenvolvimento do assumpto com que me occupo, descer até a discussão do modo porque se deve prover a amamentação nesses estabelecimentos de creação.

Para não ser, porém, de todo omisso sobre este ponto de sciencia, aliás muito satisfatoriamente discutido por especialistas que poderão ser consultados, direi apenas que : podem as camaras municipaes empregar a amamentação artificial, com leite de vaca, de cabra, ou de ovelha; podem usar de amas mercenarias, onde as houver; e principalmente, das proprias maes das creanças, quando isso lhes fôr possivel, ou por ajuste pecuniario com seus senhores, ou por doação destes.

Esse meio é o mais conveniente possivel, quer por ser o natural, quer tambem por estimular os senhores a cuidarem das escravas gravidas, e a mandal-as promptamcntc e de boa vontade com as crias para o estabelecimento.

Estou convencido que rarissimo será o senhor que se negará a alugar suas escravas para aleitarem seus proprios filhos, e portanto, parece-me que o trabalho e a responsabilidade das camaras municipaes, ficão extraordinariamente reduzidos por semelhante systema.

O essencial é que essas e outras quaesquer amas dos pupillos do estado, não tenhão com elles outro contacto mais que o necessario para amamental-os e pensalos até a idade da razão, em que os exemplos podem exercer influencia sobre o espirito impressionavel das creanças.

Dessa época em diante, todo o serviço do estabelecimento, será feito, e todos os cuidados com as creanças serão dispensados, por pessoas escrupulosamente escolhidas, e sujeitas á fiscalisaçao e vigilancia de cidadãos activos, intelligentes e morigerados, que as camaras designarem dentre seus municipes.

Com estes cuidados e os mais que não posso estar aqui minuciosamente a enumerar, o primeiro, e talvez o mais importante trabalho do estado, em relação ao assumpto com que me occupo, ha de ser -muito satisfactoriamente desempenhado.

Restão-lhe, porém, ainda duas outras partes da maior gravidade, que são, educação e o destino que deve dar a essas creanças, em tempo conveniente.

Seguindo a ordem natural tratarei em primeiro logar da educação.

Para que um individuo seja util á sociedade, não é bastante que seja dotado de boa indole e de bons sentimentos ; é preciso tambem que tenha o habito do trabalho, porque a ociosidade é a mãe de todos os vicios; e que possúa os meios e as habilitações necessarias para exercer o trabalho.

Tratando-se de pessoas nas condições dos pretos libertos, que não podem ter aspirações carreira litteraria ou scientifica, é claro que o systema de educação a adoptar-se, é muito simples e muito facil, desde que haja boa vontade que reconheço na maioria dos brasileiros para fazer o bem.

Instrucção primaria acompanhada de principios moraes e religiosos, tão necessarios ao individuo como aos estados; a pratica desses principios fortificada pelos exemplos de preceptores e directores escrupulosamente escolhidos ; eis no que se pôde resumir a primeira educação a dar aos meninos de ambos os sexos, collocados sob a tutella da nação.

Mais tarde, e logo que tenhão aprendido as primeiras letras, devem os rapazes applicarem-se ao estudo dos principios elementares das sciencias, que servem de base ás artes mechanicas; e as raparigas aprendizagem desses misteres o que constituem o trabalho da mãe de familia.

Chegados a este gráo, as mulheres tem completado a sua educação ; os homens, porém, precisão ainda aprender cada um um officio para que tenhão vocação.

Esta educação far-se-ha nas capitaes das provincias, na Côrte e nos mais logares onde o governo entender necessario crear estabelecimentos competentemente montados para o fim que temos em vista; devendo o mesmo governo ter muito em attenção a instrucção agricola dos rapazes quo tiverem gosto por este genero de vida, visto ser a agricultura a principal base da grandeza futura do Brasil.

Dispostas assim as cousas; sendo a creação confiada ás camaras municipaes, e a educação e destino dos libertos confiados ao governo, incumbe áquellas remetter todos os annos a este, afim de serem admittidos nos estabelecimentos de educação, todos quantos de seus pupillos tenhão chegado a ida de de seis ou sete annos, corno se julgar mais conveniente.

Tendo-se,pelo, modo exposto, creado e educado todos os filhos do escravo brasileiro, ainda não está terminado o trabalho do estado.

Tem elle tirado de uma raça perdida, homens úteis e mães de famílias moralisadas ; mas o que fazer dessa raça libertada ao captiveiro e ao vicio original?

Lançal-a no seio da sociedade, entregando cada um de seus membros a seus próprios recursos?

Para os homens, semelhante resolução seria indifferénte, pois que sahem elles dos estabelecimentos públicos dotados da instrucção necessária para ganharem a vida, e fortificados com os princípios moraes e religiosos que ensinão a supportar com resignação e firmeza os seus revezes.

Para ás mulheres, porém, seria altamente nociva, pois que na sua qualidade de ente fraco, e quasi dependente da vontade alheia, ficarião sujeitas aos immensos perigos que cércão a todas as do seu sexo que não tem appoio nem proteção natural.

E esses perigos serião tanto maiores pára as libertas, quanto, os prejuízos de raça por muito tempo farão olhál-as como crioulas, descendentes de escravos, e portanto gente de conndição infima, a cuja vida ninguém, de condição diversa da sua, quererá ligar seu destino pelos laços do matrimônio.

O que deve resultar do facto de não acharem as pobres libertas, já orphãs da protecção paterna, o apoio de um marido no, seio da sociedade onde são, um dia, lançadas, eu não preciso cançar-me em tornar patente.

Todo o sacrifício feito pelo estado, será perdido, ou quasi perdido.

Em vez de excellentes mães de família que elle educou e formou, virão apenas creadas honestas, ou pobres mulheres que cedendo a falta de recursos, se atirarão na carreira seguida por suas desgraçadas mães.

Seria um erro e uma crueldade, crear e educar com tanto cuidado esses entes primitivamente condemnados á perdição moral, e depois abandonal-os á influencia das causas que arrastarão áquella perdição.

O meio de evitar esse erro tão funesto ao estado como aos seus pupillos, me parece simples.

Mais um esforço, e a regeneração da raça preta será completa; e o paiz se applaudirá de ter tirado das fontes as mais impuras da nossa sociedade, correntes preciosas de engradecimento e prosperidade.

Basta, para isso, que se estabeleção colônias nacionaes, mil vezes preferíveis ás estrangeiras, com os libertos que forem completando sua educação, moral e artística.

Reunidos em um, ou em vários centros communs, todos os filhos dos escravos preparados para a vida civil e social, as moças encontrarão facilmente maridos de suas próprias condições, e formar-se-hão famílias honestas e laboriosas, em vez de se perder no seio da sociedade, uma massa immensa de rapazes e raparigas condemnados a uma vida de isolamento, porque no meio dá grande sociedade perder-se-hão uns dos outros.

Dir-se-ha que por este modo fomentão-se as indisposições e rivalidades de raças, isolando-se os libertos da communhão dos brasileiros.

Não receio esse perigo; primeiro porque não se dá tal isolamento, desde que os libertos, ainda mesmo constituídos em colônias, tiverem todos os ônus e vantagens; todos os deveres e direitos do cidadão brasileiro ; segundo porque, as novas famílias, das quaes se

devem esperar os mais profícuos exemplos da virtude e do trabalho, vir-se-hão entrelaçando pouco a pouco com a família geral brasileira, até se perderem nella.

E isso se fará tanto mais promptamente, e com tanto maior vantagem para o paiz, quanto pela extincção da escravatura, cedo desapparecerá o prejuízo de raça, e pelo facto da educação moral dos colonos, a sua mixtão com a sociedade geral trará a esta o exemplo dos são principios e das praticas respeitáveis em que se firma a verdadeira vida da família, que é a base de todo o edifício social.

Seja como for, sem este complemento, o meu plano ficaria truncado.

Receber do escravo o fructo de seu amor depravado; creal-o com todo o cuidado, como recommenda a caridade santa; educal-o pelo trabalho, pela illustração do espirito e pela pratica dos sãos princípios da moral e da religião ; constituir com elle uma família, em que se reproduzão aquelles princípios zelosamente incutidos em sua alma e em seu coração; e por meio dessa família levar a pureza dós costumes a todos os que se lhe approximarem, a todos os que com ella se forem entrelaçando ; é a meu ver a única solução que se deve dar a questão da emancipação do escravo no Brasil.

Difficil não é por certo a execução de um plano tão vantajoso, por qualquer lado que seja considerado.

Nenhum brasileiro se recusará aos sacrifícios que o paiz lhe exigir no empenho de levar ao termo essa gloriosa empreza.

O que, pois, será preciso além da boa vontade de todos? Dinheiro? Dinheiro para fazer face ás grandes despezas que se tem de fazer com a creação, com a educação e com o estabelecimento colonial dos libertos?

Oh! que isso não é grande difficuldade em um paiz onde o ouro se desperdiça á largas mãos!

Quantos milhões se gastão annualmente em cousas inuteis na manutenção,de um funccionalismo estragado, sem prestimo e desnecessário?!

Faça-se um esforço; cortem-se as despezas supérfluas; reduzamse o enorme funccionalismo que temos ao que for restrictamente necessário, e appliquem-se essas valentes economias á maior, e á mais nobre e á mais proveitosa empreza que o Brasil pôde tomar sobre seus hombros.

Quantos milnões se despendem todos os annos com estradas de todos os gêneros; com explorações de rios; com obras e melhoramentos materiaes sem grandes proveitos e utilidades para o publico?

Não quero que se olvidem os melhoramentos materiaes, porque sei que, o progresso, das nações delles, em grande parte, dependem; mas indico que se os reduza ao que for indispensável, porque não se esqueção por elles os melhoramentos, moraes, de que principalmente depende a felicidade dos povos.

Não nos dediquemos exclusivamente ao progresso material, sacrifiçando-lhe toda á receita do estado.

Attendamos tambem ao desenvolvimento moral, repartindo com elle uma parte daquella receita.

E como a emancipação dos escravos, é actualmente a maior e mais elevada questão de caracter moral que temos a resolver, repartamos com ella uma parte da receita publica, que se costuma applicar á verbas de melhoramentos materiaes.

E não é só isso

Quantos milhões se tem gasto, em pura perda, com a colonisação estrangeira, cujos resultados até hoje não tem passado, salvo rarissimas excepções, da introducção no paiz de uma raça moral e materialmente rachitica, e dos melhores facínoras desses paizes que temos procurado para aquelle fim?

Pois suspendamos as despezas com a colonisação estrangeira, emquanto lançamos as bases da melhor colonisação que podemos ter— a colonisação nacional; ou para não contrariar a ninguém, reduzamos á metade, e a menos, a despeza fabulosa que se faz com aquella colonisação, e empreguemos mais essa economia na grande empreza que temos em vista.

E se for preciso, lance-se sobre o povo um imposto especial, que eu tenho certeza de que o povo aceital-o-ha contente, elle que não reclama contra tantos ônus que lhe pesão e quê não aproveitão a ninguém, porque mal chegão para alimento da vaidade de uns e da corrupção de outros.

Lance o estado mão desses recursos, e dinheiro não faltará!

Contraia um empréstimo só para esse fim, que a população o pagará de melhor animo que todos quanto se tem contrahido para outros misteres; tanto mais, quanto, por maior que seja a despeza a faser com a emancipação como eu a proponho, essa despeza traz vantagens reaes ao paiz; e contribue muito directa e poderosamente para ougmento de sua renda.

De como traz ella vantagens reaes ao paiz, é cousa sobre a qual não preciso dizer mais uma palavra, o mesmo porém, não acontece quanto a produzir o augmento da renda publica.

Se não quizermos levar em conta as considerações que fiz no principio deste trabalho, tendentes á mostrar como o serviço livre era mais proveitoso e portanto, como pela emancipação augmentava a fortuna particular dos fazendeiros, donde o augmento proporcional da renda publica; como se vio na província do Ceará;

Se não se quizer attender a esse meio indirecto, porém efficaz, de compensar as despezas feitas com a emancipação, lembremo-nos de que desses estabelecimentos agrícolas e industriaes; dessas officinas e fabricas que o governo estabelecer para escola dos educandos libertos, deve resultar para o estado uma grande renda, se forem convenientememte administradas; e que essa renda devida ao trabalho dos educandos, se for levada em conta da despeza necessária a emancipação, um dia cobrirá semelhante despeza e dará saldo mais ou menos crescido em favor dos cofres públicos.

A principio, e principalmente nos 8 ou 10 primeiros annos, emquanto nenhum educando estiver em condições de produzir, o estado gastará sem a mínima compensação.

Passado, porém, aquelle período, o estado gasta e embolsa ao mesmo tempo, porque os estabelecimentos especiaes dos educandos começão a produzir.

E o embolso pôde ser regulado por modos que a final cada educando pague a despeza de sua creação, de sua educação e até de seu estabelecimento.

Para isso, basta dispor que os educandos não poderão sahir dos estabelecimentos públicos antes da idade de—sendo durante esse tempo obrigados a trabalharem para o estado em satisfação das despezàs com elles feitas pelo mesmo estado.

Mas como assim, aconteceria que no fim do prazo marcado; isto é ao tempo de sahirem os educandos para se estabelecerem, por conta própria, nada possuirião de seu para tal fim, pode-se facilmente conciliar o interesse publico com o desses educandos.

Do trabalho de cada um, desde que começarem elles a produzir, retire-se uma parte, 1/5, 1/4, 1/3 ou o que se julgar mais conveniente, e com as quotas de todos se faça uma espécie de monte-pio, por classes, segundo as idades, de maneira que a turma que for annualmente completando a idade em que deve sahir dos estabelecimentos públicos de cada província, perceba tudo quanto se accumulou para todos os da mesma idade, embora tenhão alguns fallecido.

Desse modo com 4/5, 3/4, 2/3 ou cousa equivalente do trabalho dos educandos até a idade de—compensarão elles as despezàs

feitas pelo estado; e com o restante prepara o estado para elles, para o seu estabelecimento, um pecúlio, que lhes facilitará os meios materiaes do trabalho pelo qual se conseguem as riquezas e todos os commodos da vida.

O plano que me tenho traçado nesta questão, e que acabo de transmittir ao conhecimento do publico, não é uma utopia, nem um meio paradoxal de resolver a magna questão.

Dizem-me a consciência e a razão que a não ser ella resolvida por aquelle modo, ou por outro semelhante, estulta será a gloria de quem exterminar a escravidão no império, porque èm vez do bem que se espera, resultarão infinitos males de tão reclamada reforma.

O modo, os meios são tudo no caso vertente; e por isso inimigo como sou de apparecer e de fazer barulho, entendi que devia expender as minhas ideas a tal respeito embora tenha a certeza de que fraquissima é a autoridade do meu nome para que ellas cheguem, ao menos a servirem de fundamento a uma discussão larga donde saia a luz de que se ha mister em tão importante assumpto.

Se me enganar, se por ventura sobre essas bases se estabelecer a discussão, e da discussão sahir o meu plano aperfeiçoado pelas grandes intelligencias do paiz, contentar-me-hei com a satisfação de haver concorrido indirectamente para a mais importante reforma de que precisa o Brasil.

Dr. Bezerra,

Rio 10 de Março de 1869

Fontes de Pesquisa

Autores Espíritas Clássicos - A Escravidão no Brasil - Os Pensamentos de um Espírita (Dr. Adolfo Bezerra de Menezes)

Menezes, Bezerra. A Escravidão no Brasil e as Medidas que Convem Tomar para Extinguil-a. Typ. Progresso - 1869

Menezes, Dr. Bezerra. A Escravidão no Brasil e as Medidas que Convem Tomar para Extinguil-a. Biblioteca do Senado Federal

Menezes, Dr. Bezerra. A Escravidão no Brasil e as Medidas que Convem Tomar para Extinguil-a. Brasiliana - USP

www.ingramcontent.com/pod-product-compliance
Ingram Content Group UK Ltd.
Pitfield, Milton Keynes, MK11 3LW, UK
UKHW021938190726
13853UKWH00004B/1526

9 786501 247038